위로가 필요한 날 천천히 걸으며 함께 나누고 싶은 이야기

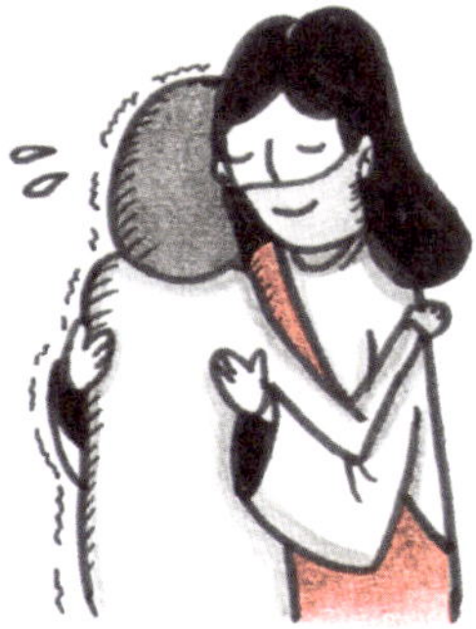

미루나무 그림묵상

글 · 그림 김민석

마음지기

Contents

추천 글	8
인물 소개	11
여는 이야기	12

 Part 1 / 마음에 갇히다

외로움	20	사다리 놓기	46
자발적 고립	22	계산기 두드리기	48
말똥말똥	24	좌절하거나, 교만하거나	50
깊은 곳	26	자기를 높이는 자는	52
꼭 나가야 해?	28	무한 도전	54
발자국	30	실망입니다	56
무뎌진 검	32	외면	58
이곳이 좋사오니	34	슬금슬금	60
문제의 굴레	36	아무도 보지 않는 곳에서 1	62
내겐 너무 무거운	38	아무도 보지 않는 곳에서 2	64
무엇으로 채울까?	40	항복	66
바쁘닭	42	유일한 도움	68
미루나무 컷튼	44	새로운 시작	70

Part 2 / 마음을 만나다

어느 날 갑자기	74	먼저 다가가기	100
아직 늦지 않았어	76	언제든지 바로바로	102
쉬어 가도 될까요?	78	썬데이 크리스천	104
토닥토닥	80	눈 가리고 외로움	106
정신없이 바빠서	82	참 고마운 너	108
할 수밖에	84	그냥	110
도대체 모르겠어	86	같이 가자	112
물어봐, 그럼	88	적신호	114
한마디면 되는데	90	못 참아	116
참된 위로	92	교회 사람들	118
낮은 곳에서의 기도	94	완전무장	120
예배	96	부르심의 자리를 지킬 때	122
미루나무 컷툰	98	만남 그리고 감사	124

 Part 3 / 마음을 두드리다

놀라지 마렴	128	전부	154
예수님 등장	130	주의 일	156
좋은 친구	132	두 개의 방	158
기준	134	부끄러운가?	160
못 자국	136	복음의 능력	162
말씀대로 살기 1	138	부르심	164
말씀대로 살기 2	140	힘을 내요, 슈퍼 파워	166
나를 죽이는 싸움	142	사랑합니다	168
이젠 좀 믿지?	144	오직 마음	170
믿고 갑니다	146	일어날 거야, 기적	172
말씀의 신비	148	씻기어 있는가	174
보이지 않는 것	150	보좌 앞에 담대히	176
미루나무 컷튼	152	아, 하나님의 은혜	178

 Part 4 마음을 거닐다

내 안에 사는 이	182	빌립보서 4장 9절	208
주 앞에 마주 앉아	184	그것도 쓰레기란다	210
형통이란	186	크신 분, 크신 뜻	212
십자가에 빠지다	188	하나님 나라의 이상한 원리	214
열린 천국 문	190	포기하겠습니다	216
말씀을 읽으면	192	포기하지 않겠습니다	218
심는 대로 거둔다	194	시편 119편 105절	220
애굽인 듯 애굽 아닌	196	장소 불문	222
생활의 발견	198	졸졸졸	224
키핑 서비스	200	복된 소식을 두루 퍼치세	226
말씀 편식	202	최후의 승리	228
말씀의 거울	204	당신은 귀해요	230
미루나무 컷툰	206	찬양하라, 내 영혼아	232

닫는 이야기   234

추천 글

우리는 많은 사람과 어우러져 살면서도 종종 깊은 외로움을 느낀다. 휴대폰에는 수백 개의 연락처가 저장되어 있지만, 그중 마음을 터놓고 이야기를 나눌 수 있는 사람이 몇이나 될까? 남들은 하지 않는 고민으로 혼자 진지한 것은 아닌지, 괜한 자존심에 자신의 문제를 털어놓지 못하는 경우가 많다. 대화 상대를 찾기도 어렵지만, 누군가와 소통한다는 것 자체가 어렵다. 그 점은 하나님께 대해서도 마찬가지인 것 같다. 하나님께마저 말을 꺼내기가 좀처럼 쉽지 않다. 이 책에서 그런 우리의 모습이 투영된 캐릭터를 발견하게 된다. 바로 '미루'다. 그런데 다행히도 미루 가까이에는 나무라는 친구가 있다. 어쩌면 내게 딱 필요한 친구다. 평가하거나 흉을 보지 않고 내게 필요한 말을 건네주는 부담 없는 친구! 미루와 나무의 사이를 보면서 적잖은 위로를 받는다. 위로를 넘어 하나님께 말을 꺼낼 수 있는 용기를 얻는다. 아마도 이 책을 읽는 많은 사람에게도 그런 힐링이 있으리라는 생각이 든다.

강웅산 | 총신대학교 신학대학원 교수

미국 심리학의 아버지 윌리엄 제임스William James는 "우리 세대의 가장 위대한 발견은, 자신의 마음가짐을 바꿈으로써 인생까지도 바꿀 수 있음을 알게 된 것이다"라고 했다. 김민석 작가가 그리고 쓴 이 그림묵상집은 마음을 살피고, 마음을 보듬으며, 마음을 치유하는 책이다. 그의 친근한 그림과 묵상은 상처받은 마음, 낙담한 영혼, 그리고 지쳐 쓰러진 이들에게 조곤조곤 말을 건넨다. 매서운 채찍 같은 말보다 따뜻한 격려의 말이 필요한 이 시대에 손 가까이 두어야 할 '영혼의 처방전'이다.

송광택 | 한국교회독서문화연구회 대표

요즘 이 책에 푹 빠져 지낸다. 학창 시절, 나는 저자의 작품들의 최초 독자이자 열렬한 팬이었다. 당시 그의 그림과 글에 담긴 무수한 생각을 찾아내는 건 참으로 즐거운 일이었고, 저자와 그림 속 신학적 주제를 놓고 갑론을박하며 열띤 토론을 벌였던 기억들도 값진 추억으로 남아 있다. 지금도 여전히 나는 그의 팬이다. 이 책은 두 가지 점에서 나를 빠져들게 한다. 하나는 크리스천이면 누구나 겪음직한 영적 여정 속 이야기들, 즉 혼란과 당혹 그리고 절망과 좌절 등을 마치 저자가 내 일기장을 훔쳐보듯 덤덤히 그의 작품 세계에서 읊조리며 고발하고 있다는 점이다. 그리고 또 하나는, 결코 가볍지 않은 신학적 주제들을 지루하지 않고도 흥미롭게 다루면서 번득이는 통찰력으로 문제들을 풀어낸다는 점이다. 그것도 존재의 깊숙한 영역까지 말씀으로 파고든 점은 몇 번이고 다시금 그의 작품에 빠져들게 한다.

김민규 | 미국 세인트루이스 소망교회 목사

김민석 작가의 그림에는 물음표가 많은 세상에 느낌표가 되는 메시지로 진한 여운을 남기는 '명쾌한 정의'가 있다. 펜 끝의 진심에는 방황하는 인생에 단지 길을 가르쳐 주기보다 동행을 위해 손을 내미는 '살가운 공감'이 있다. 첫 페이지를 열었을 때 성장하는 나를 발견하고, 마지막 페이지를 닫았을 때 성숙해져 있는 나 자신을 발견한다. 또한 냉소와 절망 사이에서 방황하는 영혼들의 어깨를 가볍게 두드려 주는 따뜻함을 만날 수 있다. 단 한 컷의 그림으로도 열 마디 말보다 깊은 묵상을 추어올리는 작가의 지혜로운 감성이 돋보인다. 삶의 여정에서 진리와 지혜를 갈급해하는 이가 있다면 더는 망설이지 말고 지금 당장, 그 사람에게로 가 반가운 인사를 건네길 바란다. 이 책에 담긴 진심과 함께.

문종성 | '자전거 세계일주' 여행작가

인물 소개

미루

어디선가 본 듯한 평범한 외모. 착하고 원만한 성격이지만 감정이 쌓이면 폭발할 때도 있다. 매주 성실하게 주일 예배를 나가며 성가대에서 찬양도 부른다. 신앙생활을 꾸준히 잘해 보려고 노력은 하지만, 바쁜 일상 속에 이리저리 치이다 보니 그 또한 만만치가 않다. 빨간 헤어스타일은 절대 포기할 수 없는 미루만의 자존심. 그러나 아주 가끔 색이 변할 때도 있다.

나무

국적 불명. 성별 불명. 미루의 소울메이트이자 멘토. 미루가 힘들 때 가장 먼저 눈치채고 찾아와 위로해 주는 친구이다. 늘 맞는 말만 하지만, 가끔 너무 교과서같이 굴어서 답답할 때도 있다.

○ 여는 이야기

누르고 눌러도 계속 올라오는 고민들
그 속에 파묻혀
사라져 버릴 것만 같아.

제가 힘들고 지쳐서 울고 있을 때

주님은 어디에 계셨나요?

왜 제 슬픔을 모른 척하신 거죠?

...

그러나 주님은 내가 울 때, 함께 울고 계셨다.

모두가 내게 무관심했고,
나는 점점 무너져 가고 있었어.
주님을 붙잡아야 했지만, 주님조차 떠오르지 않았어.

그때 네가 날 붙잡아 줬어.
너마저 없었다면 난,
외로움에 안전히 무너졌을지도 몰라.

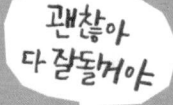

하나님께서는

말씀에 의지하여 믿음으로 살아가는 사람들에게

은혜를 주심으로써, 말씀이 사실임을 입증하신다.

즉, 출발점이 말씀이면 도착점도 말씀.

Part 1

마음에 갇히다

● 외로움

마음에 갇히다

같이 있어도 외롭다는 말
.
.
.
영화에서나 나올 법한 이 말을

                               이렇게 깊이 공감하게 될 줄 몰랐어.

어디서부터 잘못된 걸까?

자발적 고립

아무도 날 좋아하지 않는게 분명해. 난 늘 혼자였고 오늘처럼 힘든날 일 때 조차 누구도 알아봐 주지 않는다고…,

마음에 갇히다

아무도 없어.

제발 문을 열어.

말똥말똥

침대에 누워 잠들기까지 기다리는 적막한 시간. 왠지 모를 공허함, 허무함, 그리고 **불안감**이 나를 감싸온다.

마음에 갇히다

내 안에 하나님의 은혜가 없을 때.
내 안에 기도와 말씀이 없을 때.
내 안에 감사도 없고 참된 예배도 없을 때.

그저 내가 하고 싶은 대로 하며 살고
내 안에 '나'만 가득할 때.

더 이상 지체하지 말고
반드시 하나님의 도우심을 찾아야 할 때.

깊은 곳

너무 깊이
들어가지는 마.
빛이 비췰때
알지 못할테니까...

나 잠깐 깊은곳에 들어갔다가 나올게

마음에 갇히다

들어갈 때
들어가더라도,

ㆍㆍ ㆍㆍ
너무 깊이
들어가지는 말 것.

● 꼭 나가야 해?

마음에 갇히다

여기서 꼭 나가야 할까?

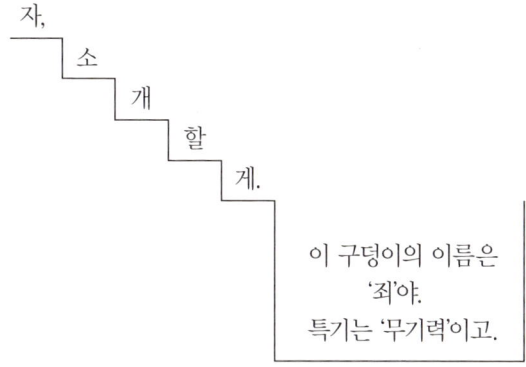

● 발자국

마음에 갇히다

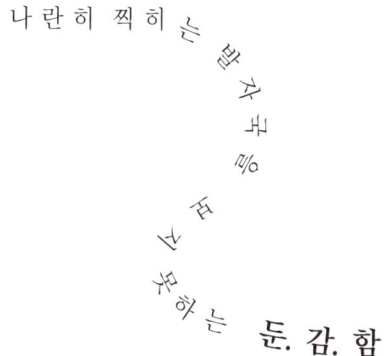

나란히 찍히는 발자국을 보지 못하는 둔.감.함

믿음의 눈을 열고 보이지 않는 주님을 바라보자.
나의 삶뿐만 아니라, 온 세상이 다르게 보일 것이다.

무뎌진 검

마음에 갇히다

무뎌진 검은
잘라내야 할 것을
잘라내지 못한다.

지금 내 검은?

이곳이 좋사오니

세상을 마주할때
당신은 어떤모습의
그리스도인 입니까?
혹시 세상과 맞서길
두려워하고 있나요?

마음에 갇히다

나 가 기
싫······어

- 문제의 굴레

문제의 원인을
나 자신이 아닌 남에게서
찾으려고 한다면
결코 문제의 굴레에서
빠져나오지 못할거야

왜 나만
괴롭히는거야.
날 좀 내버려
달란말야.

헥헥헥

마음에 갇히다

날 좀 내버려 둬.

● 내겐 너무 무거운

예수님께선 우리에게 참된 안식과 평안을 주셨는데, 우리는 왜 여전히 온갖 문제들 속에 억눌려 있는걸까. 아마도 그 문제들을 스스로의 힘으로 해결 하려고 하기 때문 아닐까.

마음에 갇히다

내 힘 —— 빼기.

수고하고 무거운 짐 진 자들아 다 내게로 오라 내가 너희를 쉬게 하리라
_마태복음 11장 28절

무엇으로 채울까?

은혜로 채워야 할 부분은, 반드시 은혜로 채워져야 한다. 다른 어떤 것으로도 대신 채울 수 없다.

마음에 갇히다

오직 주님만이

채우실 수 있는 공간

그리고 그곳은

⋮

내 삶의 가장 중요한

공간

바쁜닭

마음에 갇히다

The most important thing.

인생에서

가장

중요한 것을

놓치고 사는 건

아닐까?

미루나무 컷툰

죄가 그러하다

비가 억수같이
많이 내릴 때는,

고여 있는 물을
밟지 않으려 애쓴다.

그러다가 신발에 물이
스며들기 시작하면,

이제는 맘 편히
물을 밟으며 걷는다.

매우 어려운 일이지만, 죄에게 틈을 줘서는 안 된다.
전쟁과도 같다.

벼랑 끝으로 전진

열심히 가다
≠
옳은 길로 가다

'어떻게' 가느냐도
중요하지만
'어디로' 가느냐가
훨씬 중요.

사다리 놓기

사다리의 맨 꼭대기를 향해 열심히 올라가는 것은 결코 중요한 것이 아니다. 내가 사다리를 대어놓은 건물이 정확한 건물인지가 훨씬 중요하다.

마음에 갇히다

다른 이로써는 구원을 받을 수 없나니
천하 사람 중에 구원을 받을 만한 다른 이름을
우리에게 주신 일이 없음이라 하였더라

_사도행전 4장 12절

● 계산기 두드리기

마음에 갇히다

하나님의 말씀은
이해하고 따지는 것이 아니라,
믿고 따르는 것입니다.

계산기
두드리지 말 것.

좌절하거나, 교만하거나

마음에 갇히다

비 교
금 지

오직 너 하나님의 사람아 이것들을 피하고
의와 경건과 믿음과 사랑과 인내와 온유를 따르며
믿음의 선한 싸움을 싸우라 _디모데전서 6장 11-12절

자기를 높이는 자는

마음에 갇히다

내가 자랑할 것은

오직 주님

그 외에는 아무것도 없습니다.

무한 도전

나에게 은혜가 되지 않고
하나님께 영광이 되지 않는다면,
포기할 줄 아는 믿음이 필요하다.

그렇지 않으면
우리는 세상과 구별될 것이 아무것도 없다.

● 실망입니다

마음에 갇히다

누가 누구한테 할 말인지…

● 외면

그분이 손을
내밀고 계신것을
잘 알고있어. 그러나
그 손을 잡고싶진않아.
난 지금이 더 좋거든.

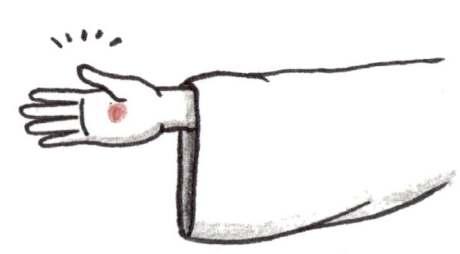

게으름, 교만,
돈, 권력, 쾌락 추구…

'죄'인 줄 뻔히 알면서
그 죄가 나를 위로하고 즐겁게 하니
내 삶에서 잘라낼 생각이 전혀 없네요.

이렇게 죄를 좋아하니,
나는 영락없는 '죄인'입니다.

주님,
이 죄인을 불쌍히 여겨 주옵소서.

● 슬금슬금

"이렇게 해라 저렇게 해라. 이건 하지 말고! 저것도 하지마라!"

"너 하고 싶은 대로 맘대로 해라!"

슬금
슬금

세상은 말한다.

"네 인생의 주인은 너 자신이다.
인생은 길지 않고 한 번뿐이다.
끌려다니지 말고 너 자신의 삶을 살아라.
즐길 수 있을 때 즐기고, 하고 싶은 것은 눈치 보지 말고 해라.
그것이 행복한 인생이다."

성경은 말한다.

"네 인생의 주인은 하나님이시다.
너는 그분의 나라와 뜻을 이루기 위한 도구이다.
너의 뜻과 생각을 모두 내려놓아라.
주님의 계획을 신뢰하고 의지할 때에만
네 안에 참된 자유와 기쁨이 있다."

이것이 우리가 세상에 끌릴 수밖에 없는 이유이다.

아무도 보지 않는 곳에서 1

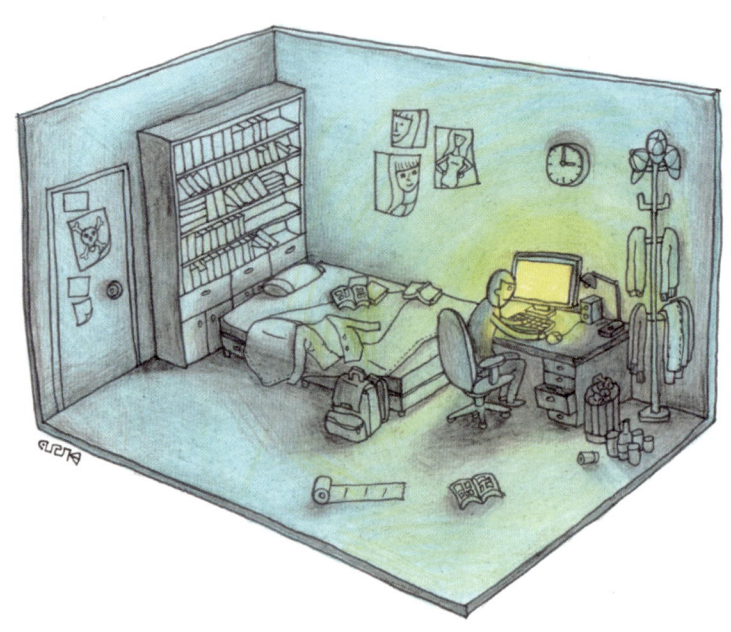

마음에 갇히다

나만의 공간

자유

그리고

...

아무도 보지 않는 곳에서 2

아무도 보지 않는 곳에서
당신의 모습은
어떠한가요?

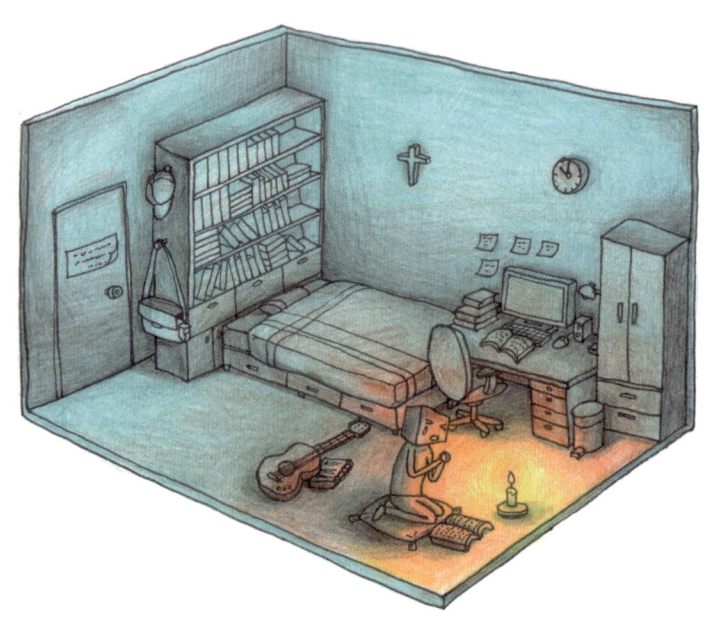

마음에 갇히다

너는 기도할 때에 네 골방에 들어가 문을 닫고
은밀한 중에 계신 네 아버지께 기도하라
은밀한 중에 보시는 네 아버지께서 갚으시리라

_마태복음 6장 6절

● 항복

하나님, 저는 아버지 없이 아무것도 할 수 없습니다. 나 혼자 힘으로도 할 수 있다고 생각했지만, 그럴 수 없음을 고백합니다. 주님 나를 긍휼히 여겨 주옵소서.

기도의 시 77. 15

마음에 갇히다

주여!

여호와여 내가 소리 내어 부르짖을 때에 들으시고
또한 나를 긍휼히 여기사 응답하소서 _시편 27편 7절

유일한 도움

주님, 쉴 새 없이
내 안에서 올라오는
악한 생각들과 사탄의
유혹으로부터 날 지켜
주시옵소서. 당신만이
유일한 도움이십니다.

마음에 갇히다

우리를 시험에 들게 하지 마시옵고 다만 악에서 구하시옵소서

_마태복음 6장 13절

새로운 시작

마음에 갇히다

이제 그만

외로움의 섬에서

나오렴.

Part 2

마음을 만나다

어느 날 갑자기

친구야, 고마워.

아직 늦지 않았어

'회개'라는 엘리베이터

주의 약속은 어떤 이들이 더디다고 생각하는 것같이 더딘 것이 아니라 오직 주께서는 너희를 대하여 오래 참으사 아무도 멸망하지 아니하고 다 회개하기에 이르기를 원하시느니라 _베드로후서 3장 9절

쉬어 가도 될까요?

날개가 뻐근해서, 잠시만 앉아있다가 가도 될까요?

그럼요, 한숨 푹 자고 가도 돼요

나의 편히 쉴 '나무'

우리는 하나님의 동역자들이요
너희는 하나님의 밭이요 하나님의 집이니라
_고린도전서 3장 9절

토닥토닥

> 토닥토닥
> : 잘 울리지 않는 물체를 잇따라 가볍게 두드리는 소리.
>   또는 그 모양.

예문)

미루의 어깨를 토닥토닥

나무의 머리를 토닥토닥

네 마음을

토닥토닥, 토닥토닥

정신없이 바빠서

정신없이 바빠서,

그래서 기도.

○ 할 수밖에

"그러한 상황 속에서 어떻게 기도를 할 수 있었어?"

"기도 할 수밖에 없었어!"

기도밖에는

할 수 있는 것이 없습니다.

기도할 수 있어서 감사합니다.

도대체 모르겠어

자나 깨나 기도 조심

꺼진 기도 다시 보자.

모든 기도와 간구를 하되 항상 성령 안에서 기도하고 이를 위하여 깨어 구하기를 항상 힘쓰며 여러 성도를 위하여 구하라 _에베소서 6장 18절

물어봐, 그럼

묻고 싶다면서 묻지 않고,
알고 싶다면서 알려 하지 않는다.

그러고는
감히 하나님을 자기 생각으로 판단한다.
뻔뻔하기가 그지없다.

한마디면 되는데

많이 힘들었지?
괜찮아.
온 힘을 다했잖아.
다 잘될 거야.

참된 위로

말씀과 위로

낮은 곳에서의 기도

여호와여, 나의 원수들이 얼마나 많은지요. 나에게 대항하는 사람들이 너무도 많습니다! 그러나 여호와여, 주는 나의 방패시며 나의 영광이시고, 내 머리를 드시는 분입니다. 내가 여호와께 큰소리로 부르짖을 때, 그분은 그 거룩한 산에서 내게 응답하십니다. (시 3:1, 3-4)

나의 방패

나의 영광

나의 주님을 신뢰합니다.

더 온전히

신뢰하기를 원합니다.

예배

예배는 죄인된 사람이 하나님을 만나는 통로이며, 하나님의 백성이 하나의 백성됨을 고백하는 행위이다.

예배가 답이다.

하나님은 영이시니
예배하는 자가
영과 진리로 예배할지니라

_요한복음 4장 24절

미루나무 컷툰

너희가 내 말에 거하면 참으로 내 제자가 되고 진리를 알지니
진리가 너희를 자유롭게 하리라 _요한복음 8장 31-32절

밥부터 먹자

나에게
어떤 문제가
발생했을 때

내 안에 채워지지 않은
무언가가 있음을
발견하고

바로 그것을
충만하게
채우면

문제 해결 이상의
기쁨과 평안을
누리게 된다.

먼저 다가가기

"더 잘해 주지 못해서 미안해."

내가 진실로 너희에게 이르노니 너희가 여기 내 형제 중에 지극히 작은 자 하나에게 한 것이 곧 내게 한 것이니라 하시고 _마태복음 25장 40절

언제든지 바로바로

[오늘의 속담]

"아끼는 것이 찌로 간다."

제발 그만 좀 아낍시다.

그때그때 사용할 수 있도록.

썬데이 크리스천

우리 하나님께서

주일에만 나를 지켜보신다면야

천만다행이지만….

너희 몸을 하나님이 기뻐하시는 거룩한 산 제물로 드리라 이는 너희가 드릴
영적 예배니라 _로마서 12장 1절

눈 가리고 외로움

너 지금 누구랑 얘기하니?

눈   좀   떠.

참 고마운 너

반신욕 같은 너

그냥

그
냥

● 같이 가자

내 옆에 너를 보내 주셔서
정말 감사해.

친구는 사랑이 끊어지지 아니하고 형제는 위급한 때를 위하여 났느니라

_잠언 17장 17절

적신호

그게 정말 큰 불 된다

이게 설마 큰 불 될까

못 참아

한번 참고
두번도 참고
세번도 참아줬어.
그랬더니 이젠 아주
점점더 심해지잖아!
나만 완전 바보됐다구!!
나도 한계야. 이젠 도저히
못참아!!!!!

워워... 그래도
착한 네가
참아야지...

분을 그치고 노를 버리며 불평하지 말라 오히려 악을 만들 뿐이라

_시편 37편 8절

교회 사람들

사람들은 그 말씀을 믿지 않기 때문·말씀을 믿지 않는

완전무장

・・・・
빈틈없이

그러므로 하나님의 전신 갑주를 취하라 이는 악한 날에 너희가 능히 대적하고 모든 일을 행한 후에 서기 위함이라 _에베소서 6장 13절

부르심의 자리를 지킬 때

사막 한가운데에서

우산을 펼쳐 본 경험이 있나요?

만남 그리고 감사

허락하심 안에서
서로를 안아 줄 수 있어
행복합니다.

Part 3

마음을 두드리다

놀라지 마렴

내가 네게 명령한 것이 아니냐 강하고 담대하라. 두려워하지 말며 놀라지 말라. 네가 어디로 가든지 네 하나님 여호와가 너와 함께 하느니라 하시니라 (수 1:9)

마음을 두드리다

나를 믿었을 때는
모든 것이 두려웠지만,

주님을 믿었을 때는
어느 것도 두렵지 않았습니다.

- 예수님 등장

마음을 두드리다

예수님이 내 삶 속에 등장하시면
나의 모든 짐은 사라진다.

● 좋은 친구

마음을 두드리다

시험 걱정 모든 괴롬 없는 사람 누군가
부질없이 낙심 말고 기도드려 아뢰세

근심 걱정 무거운 짐 아니진 자 누군가
피난처는 우리 예수 주께 기도드리세

_새찬송가 369장 중

- 기준

주의 의는 영원한 의요 주의 율법은 진리로소이다

_시편 119편 142절

못 자국

거친 세상에서 실패하거든
그 손 못자국 만져라
고된 일 하다가 힘을 얻으리
그 손 못자국 만져라
네가 어둠속을 걸어갈때에
그 손 못자국 만져라
주가 참 평안을 네게 주시리
그 손 못자국 만져라

-찬456

마음을 두드리다

"예수님의 못 자국을 만지며 사는 삶이, 곧 능력이다."

말씀대로 살기 1

죄를 짓지 않으려고

몸부림치는 고통 속에서

말씀 앞에 찔리는

양심의 가책 앞에서

비로소

예배자가 예배자 되는

믿음의 한 걸음을 겨우 내딛는다.

말씀대로 살기 2

그래도 말씀대로
살게 해주세요
그래도 말씀대로
살게 해주세요
그래도 말씀대로
살게 해주세요

마음을 두드리다

말씀대로 사는 게
너무 힘들지만
그래도 말씀대로

        넘어져도
        다시 일어나서
        또다시 말씀대로

나를 죽이는 싸움

하나님이
나에게 주신
제자리를 지키기

나를 죽이고

또 죽이는

처절한 싸움 속에서….

● 이젠 좀 믿지?

하는 것도 없으면서

입 만

살아 있는

●

믿고 갑니다

> 보이지 않지만
> 그래서 아무것도 알지
> 못하지만, 나는 믿는다.
> 그것이 하나님께서 우리
> 에게 요구하시는 참된
> 믿음이기 때문이다.

믿음이 없이는 하나님을 기쁘시게 하지 못하나니 하나님께 나아가는 자는 반드시 그가 계신 것과 또한 그가 자기를 찾는 자들에게 상 주시는 이심을 믿어야 할지니라 _히브리서 11장 6절

말씀의 신비

말로는 설명할 수 없는
놀라운 말씀의 신비
그 영원하고 기적같은
이야기들...

마음을 두드리다

먼저 알 것은 성경의 모든 예언은 사사로이 풀 것이 아니니 예언은 언제든지 사람의 뜻으로 낸 것이 아니요 오직 성령의 감동하심을 받은 사람들이 하나님께 받아 말한 것임이라 _베드로후서 1장 20-21절

● 보이지 않는 것

세상 사람들은
보이는 것을 보고, 보아야 것을
믿지만, 그리스도인은
보이지 않는 것을 보고
보이지 않는 것을 믿는다.

그래서 어렵고

그래서 힘겹고

그래서 조롱당한다.

   그 러 나

      그래서 놀랍고

      그래서 위대하고

      그래서 가치 있고

      그래서 감격스럽다.

미루나무 컷툰

구원

구원은

거저 주시는
하나님의 은혜이다.

우리가 할 일은,
손을 내밀어

감사히 받는 것이다.

예수께서 이르시되 나는 부활이요 생명이니 나를 믿는 자는 죽어도 살겠고
무릇 살아서 나를 믿는 자는 영원히 죽지 아니하리니 이것을 네가 믿느냐
_요한복음 11장 25-26절

매주 주일 예배 때마다 나의 죄악들을 장롱에 쑤셔 넣어 감춘다. 만족할 만한 감격스러운 예배를 무사히 마치고 나면 다시 월요일이 시작되고, 장롱 속 죄악들을 슬며시 제자리로 꺼내 놓는다.

전부

예수그리스도가 삶의 최우선순위여야 한다는 말은 오해의 소지가 있다. 삶의 요소를 예수님과 다른 요소들로 구분한 뒤에 순위를 매긴 것이기 때문이다. 예수님은 단지 1위가 아니라, 삶의 모든 영역의 주인이셔야 한다. 즉, 예수님은 부분이 아니라 전부이시다.

이거 제일 아끼는 건데. 예수님은 특별히 이걸로 드릴게요!

그.. 그래 고마워

나의 전부이신

예수님

● 주의 일

마음을 두드리다

성경공부 하느라 바빠서
성경을 묵상할 여유가 없다.

찬양 연습 하느라 바빠서
찬양을 올려 드릴 여유가 없다.

주의 일을 하느라 바빠서
주님을 만날 여유가 없다.

우리들이 직면한 심각한 아이러니

두 개의 방

당신에게는 두개의 방이 있습니다. 당신의 겉모습을 가꾸기 위한 방. 그리고 또 하나는 당신의 영적인 내면을 가꾸기 위한 방. 당신은 어느방에서 더 많은 시간을 보내십니까?

끝으로 형제들아 무엇에든지 참되며 무엇에든지 경건하며 무엇에든지 옳으며 무엇에든지 정결하며 무엇에든지 사랑받을 만하며 무엇에든지 칭찬받을 만하며 무슨 덕이 있든지 무슨 기림이 있든지 이것들을 생각하라

_빌립보서 4장 8절

● 부끄러운가?

마음을 두드리다

당 신 이 라 면 ?

복음의 능력

마음을 두드리다

그런즉 누구든지 그리스도 안에 있으면 새로운 피조물이라
이전 것은 지나갔으니 보라 새것이 되었도다 _고린도후서 5장 17절

부르심

하나님의 부르심은
순종과 신뢰를 요구하는
하나님과의 관계 속으로의
부르심이다.

기아리스77.15

마음을 두드리다

관계 속으로의
부르심

● 힘을 내요, 슈퍼 파워

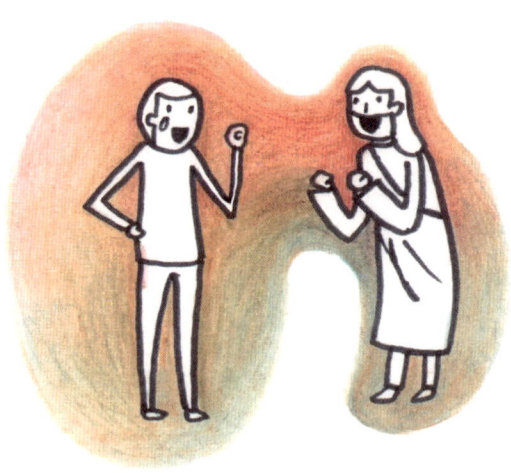

예수께서 이르시되 할 수 있거든이 무슨 말이냐
믿는 자에게는 능히 하지 못할 일이 없느니라 하시니

_마가복음 9장 23절

●
사랑합니다

네.
그래도 사랑합니다, 주님….

오직 마음

아무리 성경을 많이 읽고
매일 밤낮으로 기도를 하고
성실하게 꼬박꼬박 헌금을
내더라도, 마음을 드리지
않는다면 의미가 없다.
예수님은 오직 한가지에만
관심이 있으시며, 그것은
바로 당신의 '마음'이다.

마음을 드리는

예배자가 되게 하옵소서.

일어날 거야, 기적

마음을 두드리다

내가 여호와께 간구하매 내게 응답하시고
내 모든 두려움에서 나를 건지셨도다 _시편 34편 4절

씻기어 있는가

예수 십자가에 흘린 피로써
그대는 씻기어 있는가.
더러운죄 회개하는 능력을
그대는 참 의지하는가.
예수의 보혈로 그대는
씻기어 있는가. 마음속의
여러가지 죄악이 깨끗이
씻기어 있는가. -찬259

십자가 보혈의 능력을 아는 자는,
하나님을 향한 사랑이 있다.
그리고 그분을 향한 무한한 신뢰가 있다.

보혈의 능력은 성경 연구만으로 알 수 없다.
그분 앞에 완전히 엎드릴 때,
생명을 거는 간절함이 있을 때,
보혈의 신비를 체험하게 하신다.

        우리가 여전히 삶에 허덕이며
        세속적 가치들로부터 자유하지 못한 이유는,
        하나님을 향한 사랑과 신뢰가 부족해서이다.
        믿음이 없어서이다.

        십자가만이 인생의 유일한 답이다.

보좌 앞에 담대히

마음을 두드리다

주님의 보좌 앞으로 나아가는 자에게 주시는

'때를 따라 돕는 은혜'

아, 하나님의 은혜

내 모든 형편을 어쩜 이리도 잘 아시는지.

그저 감사, 또 감사…

Part 4

마음을 거닐다

내 안에 사는 이

내가 그리스도와 함께 십자가에 못 박혔나니 그런즉 이제는 내가 사는 것이 아니요 오직 내 안에 그리스도께서 사시는 것이라 이제 내가 육체 가운데 사는 것은 나를 사랑하사 나를 위하여 자기 자신을 버리신 하나님의 아들을 믿는 믿음 안에서 사는 것이라 _갈라디아서 2장 20절

주 앞에 마주 앉아

내 영혼이 주앞에
마주 앉았습니다.
말씀하시는 주여, 나에게
말씀하소서. 주의종이
듣겠나이다. 지혜와 계시의
정신을 나에게 주소서.
주의 맘 깨달아 알수있게.

- 꿈이있는 자유. 아침묵상2 -

십여 년 전
이 찬양의 가사를 처음 들었을 때,
시적인 표현이 아름답다고 생각했다.

그러나 어젯밤 나는 깨달았다.
이것은 추상적인 표현이 아니라,
아름다운 시가 아니라,
사실 그대로였다.

'주 앞에 마주 앉은 내 영혼'

형통이란

마음을 거닐다

이는 여호와께서 요셉과 함께하심이라 여호와께서 그를 범사에 형통하게 하셨더라 _창세기 39장 23절

십자가에 빠지다

십자가의 도는
멸망하는 자들에게는
미련한 것이요, 구원을 받는
우리에게는 하나님의
능력이라 〈고전 1:18〉

마음을 거닐다

십자가에 빠져 사는 사람

십자가에 빠져야 사는 사람

열린 천국 문

마음을 거닐다

시험을 참는 자는 복이 있나니 이는 시련을 견디어 낸 자가
주께서 자기를 사랑하는 자들에게 약속하신 생명의 면류관을
얻을 것이기 때문이라 _야고보서 1장 12절

● 말씀을 읽으면

마음을 지닙다

말씀을 읽으면,
하나님을 알게 되고
나 자신을 알게 된다.

● 심는대로 거둔다

마음을 거닐다

성령을 위하여 심는 자.

애굽인 듯 애굽 아닌

애굽이 재앙 속에서
고통받고 울부짖을 때에,
이스라엘 백성들이 거하는 고센땅은
하나님의 돌보심의 손으로 구별되었다.
당신이 현재 거한 곳에서
애굽이지만 애굽이 아니게 하시는
하나님을 경험하라.

마음을 거닐다

그날에 나는 내 백성이 거주하는 고센 땅을 구별하여 그곳에는 파리가 없게 하리니 이로 말미암아 이 땅에서 내가 여호와인 줄을 네가 알게 될 것이라

_출애굽기 8장 22절

생활의 발견

> 우리는 성경이 나의 삶 가운데서 '구원에 이르는 지혜'가 되는지를 심각하게 고민해야 한다. 만일 나의 삶 가운데 성경이 은혜의 수단으로 사용되지 않는다면, 성경이 하나님의 말씀이라는 우리의 외침은 공허한 부르짖음이 될 것이다. ─김지찬

생활 속에서

은혜 가운데 경험하는 말씀

● 키핑 서비스

마음을 거닐다

은혜 키핑 서비스?

이곳엔 그런 거 없습니다.

꼭 챙겨 가세요.

말씀 편식

골고루 먹어야 건강하다.

Don't be picky.

말씀의 거울

'거울을 통하지 않고 자신의 얼굴을 볼 수 있는 사람이 있을까? 마찬가지로 말씀의 거울을 통해 볼 때만, 진정한 나를 볼 수 있다.'

"쟤는 거울도 안 보나 봐."

자주 봐야
예뻐진다.

미루나무 컷툰

그러므로 "우리를 보지 말고, 전능하신 하나님을 바라보세요"라고 말한들 소용이 없다. 대안은 한 가지다. 믿는 자가 믿는 자다워야 한다.

할렐루야

비가 내려도 찬양

천둥번개가 나를
겁줘도 찬양

턱밑까지 물이
차올라도 찬양

우리 하나님을 찬양하는 일이 선함이여 찬송하는 일이 아름답고 마땅하도다
_시편 147편 1절

빌립보서 4장 9절

행동하는 그리스도인

그것도 쓰레기란다

마음을 거닐다

미 련 未練

너희는 유혹의 욕심을 따라 썩어져 가는 구습을 따르는 옛 사람을 벗어 버리고 오직 너희의 심령이 새롭게 되어 하나님을 따라 의와 진리의 거룩함으로 지으심을 받은 새 사람을 입으라 _에베소서 4장 22-24절

크신 분, 크신 뜻

내가 겪고 있는 일들을
이해할 수 없을지라도
나의 할 일은 오직
주님께 감사와 기도를
드리는 것 뿐이다.

당신이 알지 못할 뿐,

하나님은

지

금

도

일하고 계신다.

● 하나님 나라의 이상한 원리

부족해도

나누면 생기고

오히려 넘쳐나는

하나님 나라의 원리

● 포기하겠습니다

하나님의 뜻을
따르겠다는 것은,
나의 생각을 포기
하겠다는 것이다.

이제

비어 있는 두 손은

하나님께서 채우실 것이다.

- 포기하지 않겠습니다

나의 신념
나의 주님

시편 119편 105절

마음을 거닐다

말씀다리
BIBLE

● 장소 불문

마음을 거닐다

그런즉 너희가 먹든지 마시든지 무엇을 하든지
다 하나님의 영광을 위하여 하라 _고린도전서 10장 31절

● 졸졸졸

마음을 지닐다

예수께서 제자들에게 이르시되 누구든지 나를 따라오려거든 자기를 부인하고 자기 십자가를 지고 나를 따를 것이니라 _마태복음 16장 24절

복스러운 소식 두루 퍼치세

듣는사람마다 복음전하여 복스러운 소식 두루 퍼치세. 모든 사람에게 전할 소식은 어느 누구나 오라. 어느누구나 주께 나오라. 어서와서 주의 말씀들으라. 하늘아버지가 오라하시니 어느누구나 오라.
— 찬520

마음을 거닐다

이렇게 좋은 걸

우리끼리만 알 수는 없잖아요.

최후의 승리

최후승리를 얻기까지
주의 십자가 사랑하리
빛난 면류관 받기까지
험한 십자가 붙들겠네

- 찬 150

또 자기 십자가를 지고 나를 따르지 않는 자도 내게 합당하지 아니하니라

_마태복음 10장 38절

당신은 귀해요

하나님의 섭리와 자연의 세계가
참으로 놀랍고 신비롭지 않나요?

그 하나님께서 모든 자연 만물보다

당신 한 사람을
더 귀히 여기십니다.

찬양하라, 내 영혼아

내 맘의 주여 소망되소서
주 없이 모든 일 헛되어라
밤에나 낮에나 주님 생각
잘 때나 깰 때 함께하소서

-찬 484

스르르 침대로 스며드는 자정에, 부스스 잠에서 깨어나는 새벽에 "주여…" 깊은 호흡과 함께 그분을 만난다.

마음을 거닐다

> 높은 산이 거친들이
> 초막이나 궁궐이나
> 내 주 예수 모신 곳이
> 그 어디나 하늘나라
> — 찬 438

할렐루야 찬양하세 내 모든 죄 사함받고
주 예수와 동행하니 그 어디나 하늘나라

닫는 이야기

예수께서 대답하여 이르시되 이 물을 마시는 자마다 다시 목마르려
니와 내가 주는 물을 마시는 자는 영원히 목마르지 아니하리니 내
가 주는 물은 그 속에서 영생하도록 솟아나는 샘물이 되리라
_요한복음 4장 14-15절

우리가 바라보지 않았을 뿐, 주님은 늘 거기에 계셨다.
그러므로 고개를 들고 주님을 바라보자.
하늘의 문이 열리고 넘치도록 부으시는 은혜를 만끽하자.

"고개 들어 주를 맞이해."

성령의 비가 내린다.

그 비에 젖으며

그 비에 잠긴다.

이보다 더 행복할 수 있을까?

우리가 성경을 읽는 것은,
주님의 말씀에
드디어 귀를 여는 것이며,
이제야 마음을 여는 것이다.

그러므로 말씀 묵상은

초판 1쇄 발행 | 2015년 12월 10일
초판 6쇄 발행 | 2021년 1월 25일

지은이 | 김민석
발행처 | 마음지기
발행인 | 노인영
기획·편집 | 박운희
디자인 | 박옥
제목 손글씨 | 유혜은

등록번호 | 제25100-2014-000054(2014년 8월 29일) **주소** | 경기도 수원시 영통구 광교중앙로 170, A동 1016호(하동, 광교효성해링턴타워) **전화** | 02-6341-5111~2 **FAX** | 031-893-5755 **이메일** | maum_jg@naver.com ※ 이 도서의 국립중앙도서관 출판예정도서목록(CIP)은 서지정보유통지원시스템 홈페이지 (http://seoji.nl.go.kr)와 국가자료공동목록시스템(http://www.nl.go.kr/kolisnet)에서 이용하실 수 있습니다. (CIP제어번호: CIP2015032559)

※ 책 값은 뒤표지에 있습니다.
※ 잘못 만들어진 책은 바꿔 드립니다.
※ 이 책은 저작권법에 의해 보호를 받는 저작물이므로 무단 전재 및 무단 복제를 금합니다.

ISBN 979-11-86590-03-4 03230

마음지기는 여러분의 소중한 꿈과 아이디어가 담긴 원고 및 기획을 기다립니다.

마음지기는

성공은 사람을 넓게 만듭니다. 그러나 실패는 사람을 깊게 만듭니다. 마음지기는 성공을 통해 그 지경을 넓혀 가고, 때때로 찾아오는 어려움을 통해서 영의 깊이를 더해 갈 것입니다. 무슨 일에든지 먼저 마음을 지킬 것입니다.

높은 산꼭대기에 있는 나무의 뿌리는 산 아래 있는 나무의 뿌리보다 깊습니다. 뿌리가 깊기에 견고히 설 수 있습니다. 마음지기는 주님께 깊이 뿌리내리고 그 어떤 상황에서도 주님을 찬양할 것입니다.

"**하나님과** 가까이 교제하고 교감하는 사람은 그렇지 못한 사람보다 더 행복하다"라고 마시 시머프는 말했습니다. 마음지기는 하나님과 교감하고 교제하기 위해서 하루 24시간을 주님과 동행할 것입니다.

"모든 지킬 만한 것 중에 더욱 네 마음을 지키라 생명의 근원이 이에서 남이니라" 잠언 4:23